*In Erinnerung an meine Schwestern
Sigrid (†) und Evelyn (†)*

Für H.

Dieser Gedichtzyklus widmet sich einem Gefühl im zwischenmenschlichen Bereich, welches jeder Mensch mehr oder weniger stark ausgeprägt kennt und das Lebenswege entscheidend beeinflussen kann:
die Sehnsucht mit ihren Licht- und auch Schattenseiten; die eigene Lebensgestaltung und ebenso Beziehungen werden oft bewusst oder unbewusst von ihr geprägt.

Wenn Menschen großes Leid widerfährt oder sie geliebte Menschen an den Tod verlieren, kann so etwas wie eine eigene Todessehnsucht wachsen oder das Zurücksehnen der Verstorbenen wird zu einem bestimmenden Wunsch im Leben der Hinterbliebenen. Wenn Beziehungen oder Freundschaften zerbrechen, sehnt man sich oft nach der früheren Verbundenheit zurück oder auch nach einer persönlichen Weiterentwicklung, um die Vergangenheit hinter sich zu lassen.

Aber es gibt auch eine Sehnsucht nach Nähe, Liebe und Intimität; findet sie dann ein Gegenüber, vermag sie eine große Kraft zu entwickeln, setzt Leichtigkeit, Veränderung und Verwandlung im Menschen frei, sodass behutsam schöpferische Neuorientierung im Lebensprozess gelingen kann.

Die Gedichte spiegeln nur eine kleine Bandbreite des Erlebens eines zutiefst menschlichen Gefühls wider:
Möge der Leser durch sie angeregt werden, der Bedeutung von Sehnsucht in seinem eigenen Da-Sein nachzuspüren …

Claudia D. Elas

Sehnsucht heißt dein innerer Schatz

Gedichte

Bibliografische Information der Deutschen Nationalbibliothek:
Die Deutsche Nationalbibliothek verzeichnet diese
Publikation in der Deutschen Nationalbibliografie;
detaillierte bibliografische Daten sind im Internet über
http://dnb.d-nb.de abrufbar.

© 2014 Claudia D. Elas
Satz, Umschlaggestaltung, Herstellung und Verlag:
BoD – Books on Demand
ISBN: 978-3-7357-7345-6

Inhalt

Unvorhergesehene Anziehung 7

Dir zur Erinnerung 8

Kleine Spielerei 11

Venus 12

Winter im Juli 15

Lose Herbstzeit 16

Zwischenfall 19

Überirdisch 20

Paradox 23

Letzter Sonntag 24

Melancholie, vehement 27

Entscheidung 29

Im Sturm 30

Himmelskörper 32

Unvorhergesehene Anziehung

Reibung, durch Wärme entstehend

zieht sich durch das Gespräch

Buchstaben, aneinandergereiht

bilden die Neugier

die unseren Worten

vorausgeht, sie gibt

die Reihenfolge vor

in der geschieht

was sich ankündigt

zwischen Rauchschwaden

raum-greifend

unsere Anwesenheiten nehmen

die Witterung auf

Dir zur Erinnerung

Dir zur Erinnerung
möchte ich keinen Tag vergessen
dein Lachen und deine Umarmungen
deine Fürsorge und deinen Humor
und wie ich zu dir aufsah
als Kind mit dem Wunsch
so zu werden wie du

Dir zur Erinnerung
möchte ich keinen Tag vergessen
dein Leiden und deine Tapferkeit
deine Angst und deine Stärke
deine Wut und deine Bitterkeit
und wie ich deine Hand hielt
mit dem Wunsch, dich nicht
gehen lassen zu müssen

Dir zur Erinnerung
gehe ich meinen Weg weiter
mit meinem Zaudern und meinem Mut
mit meiner Verzweiflung und meiner Lebenslust
mit meinen Niederlagen und meinen Hoffnungen
in mir die Gewissheit
unserer Verbundenheit
über den Tod hinweg

Kleine Spielerei

Wär ich mit dir meinen Weg noch gegangen
Wir hätten dies' Jahr einen Festtag gehabt
Dem Gedanken bin ich so nachgehangen
Dass dem nicht so ist, hab ich nie beklagt
Wie wär ich wohl geworden, an deiner Seite?
Wohl nicht die, die ich heute halt bin
Meist ziemlich pleite
Ich hätt' wohl 'ne Haus- und 'ne Lebensversicherung
Aus meiner Sicht 'ne echt superöde Mischung
Wär weiterhin in die Kirche gegangen
Und würd' trotzdem um mein Seelenheil bangen
Lieber nahm ich meine Freiheit beherzt in die Hände
Alle Höhen und Tiefen sprechen heut' noch davon Bände
Verlor mich des Öfteren in Nichtigkeiten des Lebens
Suchte darin den tieferen Sinn dann doch meist vergebens
Ich fand ihn im Leid dann oft mit der Zeit
Denn Glück ist oft flüchtig, was tatsächlich macht süchtig
ist zu entdecken, was mich wirklich ausmacht
Wenn nichts mehr bleibt als die allzu kurze Zeit
herauszufinden, wohin deine Wurzeln münden
schenk ein Lächeln, Wärme, ein liebendes Wort
kannst sein für manch Menschen ein bergender Ort
Das alles hätt' ich so nie herausgefunden
wär ich nicht aus dem gemeinsamen Leben verschwunden
kann's nicht beweisen, aber glaub' daran sehr
darum gibt's dieses Jahr keine Silberhochzeit mehr …

Venus

Morgenweiche Dämmerung

gleitet zwischen unsere Laken

findet Resonanzkörper

feine Verästelungen

Wege wundersam

das Füllhorn neigt sich

zu liebkosen

in hungriger Leibhaftigkeit

mit leisem Sternenglanz

Winter im Juli

Die Juliglut

versengt mich

mit flirrend schwülen Fingern

zwingt meinen angezählten

Körper in fließende

unaufhaltsam strömende

Regungslosigkeit

Augen tasten teilnahmslos

an der Miniatur-Winterwelt entlang

bewege sie so, dass letzte

Schneeflocken in freiem

Fall sanft Freunde zudecken

erste und spätere

noch winken sie

aus ihrem Universum

in meinem Regal

Lose Herbstzeit

versunken im satten

Strom meiner Selbstvergessenheit

streichelt mich fiebrig rotsamtene Lust

nur eine Weile noch

bis der Winter mit

sorgenfreier Gewissheit

seine kühlen Hände

ausstreckt nach mir

mich begrüßend gleich

einer alten Bekannten

flirrend goldenes Licht

liegt noch auf dem Land

sorglos schenkt es

uns seinen Glanz

Im Bannkreis

des Herbstes

sind wir sicher

Zwischenfall

dazwischen fällt

was gesagt wurde

oder getan

nicht Ausgesprochenes

wird immer höher

Nichtverstandenes

Nichtgesehenes

Nichtgehörtes

eingefügt

mauerschwer

Dahinter
Davor
stehst du

stehe ich

die Überwindung

ist ein Fall

von Verständigung

nicht einer für sich

Überirdisch

watteweiche Mondlandschaft

halten inne, liebkost

vom lockenden Herbst

trunken von Licht

tasten unsere Münder

sich immer weiter

sonnenwarm

seidenblau

schimmernder Horizont

wünschend wissend

Wiederholung ausgeschlossen

Jetzt

Paradox

wenn ich dich

unter meinen Händen

spüre, der Strom

setzt Hingabe frei

und dunkle Glut

wende ich mich

nochmals um

will voraussehen

was längst hinter

mir liegt, was

geschieht mit meinen

Toten, stumm

Stand-by

schwereloser Tanz

bevölkern sie mich

Letzter Sonntag

Gelockt werden
                Sollten wir
Vom Frühlings-Rummelplatz

Mitten im Februar
                Mühsam zogen dich
Deine Schritte voran
                Knochenweiche Erschöpfung
Lichterpuls
                Im Winterdämmerschlaf

Magenbrot-Geruch
                Weht Erinnerung
In dein Antlitz
                Konturen sind
In Auflösung
                Silberschnur
Schon lose
                Wir nehmen den
Faden auf
                Du sitzt zu Hause
Vanillesonnengelb
                Anspannung weicht
Mädchenhaften Zügen
                Dieses Mal

Gerade dieses Mal
            Sagst du, wirst du
Es wohl nicht mehr
            Schaffen, die Veränderung

Dein Leben zu retten
            Keine Kraft mehr
Dafür dein leises
            Summendes Lächeln
Ich nahm es mit
            Ohne zu ahnen
Wie nah deine
            Befreiung von allem
Irdischen schon
            Gekommen war

Melancholie, vehement

du weißt schon
draußen vor der Tür
drängelt der Lenz vor
schamlos, als ob
er wesen will

bei eurer Verabredung
faulige Ausrede
unsichtbar zieht es
dich zurück, dieses herausfordernd
schattierte, changierende Grün
Schlag ins Gesicht
blutleere Zumutung
sirrender Kreislauf im Auge, stets
betörende Düfte, hinterhältiges
Erdbeeraroma vorneweg
saugst es ein
hältst die Luft an
verweigerst dich
verführerisch klatschendem
Mohn blutjung

verlierst aber –
schmiegt er doch
seinem samtenen
Bruder Tod sanft
ein schmuckes Band
um den Hals
im Schlaf sozusagen
auch dieses Mal
ohne Frage an dich

Entscheidung

hinabsteigend

tief ins Wurzelmark

gleitend

in Sprachlosigkeit

furcht die Erschöpfung

den dunklen Weg dann

immer im Kreis gehen

sich um sich selbst drehen

erdenkauernd

wartend

lauschend

den Augenblick des

Loslassens umarmend

kirschrote Freiheit

lechzt in mir

Im Sturm

dahinziehend

trutzige Wege

ins Gipfelglück

unartiges Schneegestöber

hebt mahnend den Zeigefinger

bahnen wir im verhärteten

abweisenden Weiß

unsere Spur

sinkt der Schritt

tost das Gesicht

winterharte Liebkosung

nadelstichsanft

Himmelskörper

rosenrot gemalt

auf Sommernachtsblau

verglühend auf

meiner Netzhaut

das Abbild

fein gesponnen

mit Ungläubigkeit

all das Ungesagte

könnte ich es umarmen

flöge ich dann

zu deinen Sternen

lässt sie leuchten

dieses eine Mal

nur für mich

Claudia D. Elas, 1967 in Rheinfelden (Baden) geboren,
von Beruf Erzieherin, schreibt seit ihrer Jugend Gedichte.
Sie lebt und arbeitet nahe der Grenze zur Schweiz (Basel).

Dank

Herzlichen Dank möchte ich allen sagen, die durch ihre Anregungen, Ratschläge, Unterstützung und Ermutigung dazu beigetragen haben, daß ich meine Gedichte veröffentliche.
It was a little dream of me …